123 Trace and Learn Numbers Fun for Little Ones

This Book Belongs To:

....

....

....

Copyright © 2024 All rights reserved.

No part of this book may be reproduced, stored in a retrieval system, or transmitted, in any form, or by any means, electronic, mechanical photocopying, recording or otherwise without the prior written permission of the publishing or a license permitting restricted copying.

TRACE THE NUMBER

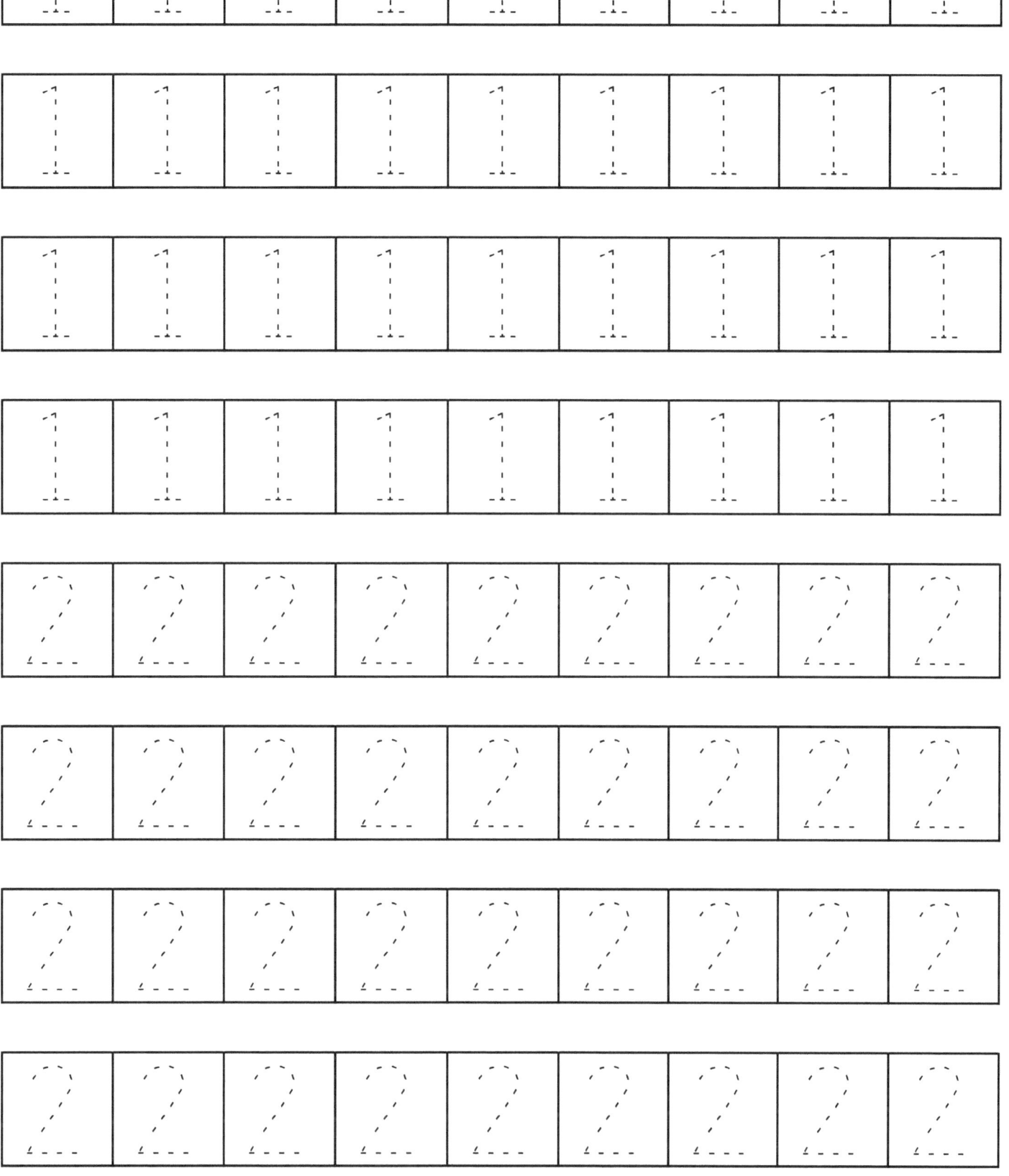

TRACE THE NUMBER THEN WRITE THE NUMBER

TRACE THE NUMBER

TRACE THE NUMBER THEN WRITE THE NUMBER

TRACE THE NUMBER

TRACE THE NUMBER THEN WRITE THE NUMBER

TRACE THE NUMBER

TRACE THE NUMBER THEN WRITE THE NUMBER

 # TRACE THE NUMBER

TRACE THE NUMBER THEN WRITE THE NUMBER

9 9 9 9 9 9 9 9 9 9

9 9 9 9 9 9 9 9 9 9

10 10 10 10 10 10 10 10 10 10

10 10 10 10 10 10 10 10 10 10

TRACE THE NUMBER

TRACE THE NUMBER THEN WRITE THE NUMBER

11 11 11 11 11 11 11 11

11 11 11 11 11 11 11 11

12 12 12 12 12 12 12 12

12 12 12 12 12 12 12 12

TRACE THE NUMBER

TRACE THE NUMBER THEN WRITE THE NUMBER

13 13 13 13 13 13 13

13 13 13 13 13 13 13

14 14 14 14 14 14 14

14 14 14 14 14 14 14

TRACE THE NUMBER

TRACE THE NUMBER THEN WRITE THE NUMBER

15 15 15 15 15 15 15
15 15 15 15 15 15 15

16 16 16 16 16 16 16
16 16 16 16 16 16 16

TRACE THE NUMBER

17 17 17 17 17 17 17 17 17

17 17 17 17 17 17 17 17 17

17 17 17 17 17 17 17 17 17

17 17 17 17 17 17 17 17 17

18 18 18 18 18 18 18 18 18

18 18 18 18 18 18 18 18 18

18 18 18 18 18 18 18 18 18

18 18 18 18 18 18 18 18 18

TRACE THE NUMBER THEN WRITE THE NUMBER

17 17 17 17 17 17 17

17 17 17 17 17 17 17

18 18 18 18 18 18 18

18 18 18 18 18 18 18

19 TRACE THE NUMBER 20

TRACE THE NUMBER THEN WRITE THE NUMBER

19 19 19 19 19 19 19 19 19 19

19 19 19 19 19 19 19 19 19 19

20 20 20 20 20 20 20 20 20 20

20 20 20 20 20 20 20 20 20 20

TRACE THE NUMBER

21   **22**

TRACE THE NUMBER THEN WRITE THE NUMBER

21 21 21 21 21 21 21

21 21 21 21 21 21 21

22 22 22 22 22 22 22

22 22 22 22 22 22 22

23 TRACE THE NUMBER 24

TRACE THE NUMBER THEN WRITE THE NUMBER

23 23 23 23 23 23 23

23 23 23 23 23 23 23

21 21 21 21 21 21 21

21 21 21 21 21 21 21

 # TRACE THE NUMBER

25 25 25 25 25 25 25 25 25

25 25 25 25 25 25 25 25 25

25 25 25 25 25 25 25 25 25

25 25 25 25 25 25 25 25 25

26 26 26 26 26 26 26 26 26

26 26 26 26 26 26 26 26 26

26 26 26 26 26 26 26 26 26

26 26 26 26 26 26 26 26 26

TRACE THE NUMBER THEN WRITE THE NUMBER

27 TRACE THE NUMBER 28

TRACE THE NUMBER THEN WRITE THE NUMBER

 # TRACE THE NUMBER

TRACE THE NUMBER THEN WRITE THE NUMBER

31 TRACE THE NUMBER 32

TRACE THE NUMBER THEN WRITE THE NUMBER

33 TRACE THE NUMBER 34

TRACE THE NUMBER THEN WRITE THE NUMBER

 TRACE THE NUMBER

TRACE THE NUMBER THEN WRITE THE NUMBER

37 TRACE THE NUMBER 38

TRACE THE NUMBER THEN WRITE THE NUMBER

37 37 37 37 37 37 37

37 37 37 37 37 37 37

38 38 38 38 38 38 38

38 38 38 38 38 38 38

 # TRACE THE NUMBER

TRACE THE NUMBER THEN WRITE THE NUMBER